SUR LES DISPOSITIONS
DE L'ARRÊT

DE LA COUR ROYALE DE PARIS,

RENDU LE 9 AOUT 1823,

ENTRE MM. PERDONNET, AGENT DE CHANGE,
ET LE COMTE DE FORBIN-JANSON.

Ces dispositions peuvent-elles se concilier avec le crédit de l'État et le commerce des fonds publics? — Que peuvent et que doivent être les lois relativement à ce commerce?

PAR J.-CH. BAILLEUL,
ANCIEN DÉPUTÉ.

PARIS,

RENARD, LIBRAIRE, RUE SAINTE-ANNE, N°. 71 ;
BAILLEUL AÎNÉ, LIBRAIRE, RUE THIBAUTODÉ, N°. 8.

1823.

Imprimerie d'Ant. BAILLEUL,
rue Thibautodé, n°. 8.

SUR LES DISPOSITIONS
DE L'ARRÊT

DE LA COUR ROYALE DE PARIS,

RENDU LE 9 AOUT 1823,

ENTRE MM. PERDONNET, AGENT DE CHANGE,
ET LE COMTE DE FORBIN-JANSON.

Ces dispositions peuvent-elles se concilier avec le crédit de l'État et le commerce des fonds publics ? — Que peuvent et que doivent être les lois relativement à ce commerce ?

Texte de l'Arrêt du 9 août, et premières Remarques.

L'ARRÊT qui décharge le comte de Forbin-Janson des condamnations prononcées contre lui par le tribunal de commerce, et déclare M. Perdonnet non-recevable dans ses demandes, étant le sujet ou seulement l'occasion de cette discussion, je dois commencer par en rappeler le texte. Voici dans quels termes cet arrêt est conçu :

« La Cour, en ce qui touche le moyen d'in-

» compétence , considérant qu'il s'agit d'une
» opération commerciale ; en ce qui touche
» l'appel au fond , considérant qu'il résulte de
» *l'ensemble des lois et réglemens* sur la *négo-*
» *ciation des effets publics* , et sur les *obliga-*
» *tions imposées aux agens de change ;* que la
» *volonté constante du législateur, depuis l'é-*
» *tablissement de la Bourse,* a été de prévenir
» *les conséquences désastreuses* qu'entraîne-
» rait, pour la société, *le jeu ou le pari* sur *les*
» *variations du cours des effets publics ;* que,
» dans *les marchés à terme,* le caractère *du*
» *jeu et du pari* sur les effets publics, se mani-
» feste principalement par la circonstance, que
» *la livraison des effets vendus n'a pas été faite*
» *entre les mains de l'agent de change,* ou que
» *le dépôt des mêmes effets* n'a pas été *régu-*
» *lièrement constaté* au moment de la signature
» de l'engagement ;

» Que le caractère *du jeu* ainsi défini, il
» s'ensuit que les marchés entachés de *ce vice*
» sont entièrement *nuls,* et que la *ratification*
» qui en aurait été postérieurement consentie ,
» ainsi que *l'obligation nouvelle* à laquelle elle
» aurait donné naissance, n'ayant pour cause
» que des *opérations illicites,* ne peut servir de
» base à *une action judiciaire ;*

» Considérant qu'en aucun cas, *l'agent de*

» *change* ne peut avoir *d'action contre son*
» *client*, puisqu'il est tenu d'avoir les *mains*
» *garnies;* que la *stricte exécution des lois*
» *et réglemens* sur cette matière, peut seule
» mettre un frein à *cette ardeur immodérée de*
» *s'enrichir*, qui s'est emparée *des pères de*
» *famille*, qui, au lieu de se livrer à des *pro-*
» *fessions honnêtes et utiles*, se précipitent
» dans des *opérations désavouées par la mo-*
» *rale*, et toujours *suivies d'une ruine com-*
» *plète ou d'une fortune scandaleuse;*

   » Considérant, en fait, que Perdonnet,
» *contrevenant aux devoirs de sa profession*,
» n'a jamais fait offre réelle de livrer au
» comte de Forbin-Janson les 150,000 fr. de
» rente qui étaient l'objet du traité ; que,
» d'ailleurs , ces 150,000 fr. de rente n'a-
» vaient pas été désignés par numéros d'or-
» dre et de série; qu'il s'est borné à faire une
» sommation, le 30 janvier , de lui fournir la
» somme nécessaire au paiement des 150,000 f.
» de rente, ou au paiement de la différence du
» prix d'achat au prix de revente : d'où il *résulte*
» *la preuve* que Perdonnet n'avait pas *réelle-*
» *ment acquis* pour son client une pareille
» quantité de rentes; que *le dépôt* de 300 actions
» du canal de Bourgogne, exigé à titre de cou-
» verture, *prouve* que Perdonnet *n'ignorait*

» point que *l'intention* du comte de Forbin-Jan-
» son était uniquement de *jouer* sur les diffé-
» rences de bourse ;

  » Considérant que *la mauvaise foi* du comte
» de Forbin-Janson, qui, après avoir touché,
» en novembre, le produit de ces *spéculations*
» *illicites*, refuse de rembourser la perte ré-
» sultant, en janvier, de la continuation de ces
» mêmes spéculations, ne peut autoriser, en
» faveur de Perdonnet, une action que *la loi*
» *lui dénie* :

  » Met l'appellation et ce dont est appel au
» néant ; émendant, décharge le comte de
» Forbin-Janson des condamnations contre lui
» prononcées ; déclare Perdonnet non-rece-
» vable dans sa demande, et le condamne aux
» dépens de première instance et d'appel ;

  » Faisant droit sur le réquisitoire du minis-
» tère public, ordonne que le présent arrêt
» sera *imprimé et affiché ;*

  » Et sur les autres faits et conclusions, met
» les parties hors de Cour. »

Dans un pays où, comme en France, d'après
notre loi fondamentale, les attributions des
différens corps constitués, soit administratifs,
soit judiciaires, doivent être précises et circons-
crites dans des limites qui leur sont propres, et
qu'il n'est pas permis de franchir, les *considé-*

rans de ce jugement font naître des réflexions qui méritent la plus sérieuse attention.

Sans doute la Cour a eu le droit de le rendre ainsi motivé, puisqu'elle l'a fait. Je ne me permettrai à cet égard aucune critique. Loin de moi toute idée d'entrer en lice avec un corps puissant, vis-à-vis duquel je ne dois exprimer que mon respect.

Toutefois, en rendant hommage aux intentions des juges, il devrait être permis, sans manquer aux bienséances, d'examiner ce qu'est tel ou tel jugement; s'il est, ou non, conforme aux lois; s'il ne sort pas des attributions du tribunal qui l'a rendu; s'il ne blesse pas l'ordre public, etc. Mes prétentions n'iront point jusquelà. J'admettrai comme un fait incontestable, que la Cour royale de Paris, dans les considérans, comme dans le prononcé de son jugement, s'est de tout point conformée aux lois, ainsi qu'aux attributions qui lui sont confiées. Je me retrancherai dans des questions générales : mes observations viennent à propos de la décision, qui, à le bien prendre, n'en est pas l'objet.

Déterminons d'abord les divers caractères de ces considérans, et cherchons ce qu'ils sont, non encore une fois relativement à l'affaire, mais dans l'ordre économique qui seul peut nous régir.

Un officier public réclame à ce titre une somme qu'il a avancée pour le compte d'un client, qui reconnaît la lui devoir. Celui-ci prétend que la cause de cette dette est entachée d'un vice radical ; que, par conséquent, elle est nulle, et que son adversaire n'est pas fondé à le poursuivre. La Cour accueille ce moyen, déclare l'officier public non-recevable dans sa demande, et le condamne aux dépens de première instance et d'appel.

Ce n'est point d'après le texte formel d'une loi qu'est rendu ce jugement, qui, contre le droit commun, prononce la nullité d'une créance reconnue, mais seulement parce que « il résulte » de *l'ensemble* des lois et réglemens sur la né- » gociation des effets publics, et sur les obliga- » tions imposées aux agens de change, que la » *volonté constante* du législateur, depuis » l'établissement de la Bourse, a été de préve- » nir les conséquences désastreuses qu'entraî- » nerait, pour la société, le *jeu* ou le *pari* sur » les variations du cours des effets publics. »

Il est bien évident, d'après l'énoncé même du considérant, que ce n'est pas en vertu de tel article de loi dont le sens est positif, que la Cour a rendu son arrêt, mais pour obéir à la *volonté constante* du législateur depuis l'*établissement de la Bourse*. Dans ce cas, les arrêts du Conseil, les ordonnances du Roi , les réglemens publiés depuis l'établissement de la Bourse , sont-ils tous en vigueur? Y sont-ils dans toutes leurs dispositions ? Doit-on seulement les invoquer pour quelques-unes ? Dans cette dernière supposition , d'après quelle règle , en vertu de quelle loi en fera-t-on le choix ?

Le principe posé, la Cour devait définir le *pari ;* c'est ce qu'elle fait dans ces termes :
« Considérant.... que, dans les marchés à ter-
» me, le caractère du *jeu* et du *pari* sur les
» effets publics, se manifeste *principalement*
» par la *circonstance*, que la *livraison* des effets
» vendus n'a pas été *faite entre les mains* de
» l'agent de change , ou que le *dépôt* des mê-
» mes effets n'a pas été *régulièrement constaté*
» au *moment* de la signature de l'engagement.»
Telle est la définition de la Cour.

Voici celle donnée par l'art. 422 du Code pénal :

« Sera réputé *pari* de ce genre , toute con-
» vention de vendre ou de livrer des effets pu-
» blics qui ne seront pas *prouvés , par le ven-*
» *deur*, avoir existé à sa disposition au temps
» de la convention , ou avoir dû s'y trouver au
» *temps de la livraison.*

Il n'est question ici ni de *livraison* d'avance des effets à vendre, ni d'agent de change , ni de *dépôts régulièrement constatés* : il suffit que le vendeur prouve qu'il possédait les effets au moment de la vente, ou seulement qu'il aurait dû les avoir à l'instant de la livraison. Cette disposition ne ressemble donc en rien à la définition adoptée par la Cour royale de Paris. Si son considérant n'est pas dans une opposition complète avec la loi, il faut au moins admettre qu'il en est une interprétation. Je ne conteste pas à la Cour la faculté d'interpréter la loi ; je reconnaîtrai même qu'elle l'a, puisqu'elle en a usé ; mais je pense que, dans un État bien réglé, elle ne devrait pas l'avoir.

Interpréter les lois, réunir plusieurs textes pour en tirer des inductions qui ne sont exprimées clairement dans *aucune loi*, c'est faire des lois, surtout s'il s'agit d'une décision qui, par sa nature, sort du droit commun. Ainsi, dans ce sens, et avec de telles prérogatives, une Cour pourrait, par le fait, se constituer législateur et juge ; confusion de pouvoirs que Montesquieu regarde comme inconciliable avec la liberté et la justice.

En suivant les considérans de l'arrêt, on découvre que la Cour n'a pas seulement pour but de prononcer entre les parties ; elle se propose, par « l'exécution stricte des lois et réglemens » sur cette matière, de mettre un frein à cette

» *ardeur* immodérée de s'enrichir, qui s'est
» *emparée des pères de famille*, qui, au lieu
» de se livrer à des professions honnêtes et uti-
» les, se précipitent dans des opérations désa-
» vouées par la morale, et toujours suivies
» d'une ruine complète ou d'une fortune
» scandaleuse. »

En s'exprimant ainsi, sans doute l'intention de la Cour a été très-louable ; mais ce langage annonce des attributions de haute-police, l'existence d'une censure ou d'une magistrature de mœurs, dont la Cour royale de Paris est sans doute revêtue. Toutefois, on peut croire que de semblables attributions ne devraient point être données à des juges, et que les tribunaux, quels qu'ils soient, devraient être astreints à ne prononcer que sur les questions qui leur sont déférées par la loi.

Enfin, la Cour, pour fortifier d'autant plus son jugement, et prévenir toute argumentation contraire, considère que Perdonnet, « *contre-*
» *venant aux devoirs de sa profession........;*
» *que la mauvaise foi du comte de Forbin-*
» *Janson, etc.* »

Je rendrai toujours hommage à la Cour royale de Paris, en reconnaissant que, puisqu'elle s'est exprimée ainsi, elle a eu le droit de le faire ; mais on conçoit difficilement comment on a conféré à un tribunal un droit sur la réputation et sur l'honneur, qui devrait appartenir moins encore à des corps qu'à des individus ; car les corps sont puissans, et les individus sont faibles : ce sont essentiellement les individus que la loi doit protéger.

Avant de pouvoir dire qu'un officier public a *manqué à ses devoirs*, qu'un citoyen s'est rendu *coupable* de *mauvaise foi*, ce qui constitue nécessairement des délits, il faudrait qu'il y eût eu auparavant accusation, conviction et condamnation, d'après les formalités prescrites par les lois ; ce qui est du ressort des tribunaux criminels ou de police correctionnelle ; et ici ce sont des sections civiles de la Cour qui avaient à prononcer sur la question de savoir si le demandeur était fondé à réclamer un remboursement, ou s'il ne l'était pas.

L'arrêt suppose incontestablement dans le corps qui l'a rendu, des attributions législatives, celle d'une haute surveillance morale ; de plus, la faculté de frapper de réprobation tel ou tel acte individuel, sans aucun jugement préalable qui le constate et le punisse. Ce sont là sans doute des droits bien exorbitans, des prérogatives redoutables ; mais si l'interprétation de la loi était en opposition avec l'esprit, l'intention et le but de cette même loi, la ques-

tion alors deviendrait plus générale, et sa discussion plus embarrassante.

Qu'il me soit permis de regarder comme
constant, que, d'après la nouvelle jurisprudence adoptée par la Cour royale de Paris, les
marchés à terme deviennent impossibles, et
que, par conséquent, le commerce des fonds publics est paralysé, détruit dans ce qui touche
essentiellement à l'intérêt public ; mais les lois
de l'an 7 (1799), sur le paiement des arrérages
de la dette publique, et sur le transfert des titres
qui la représentent, les lois, ainsi que les réglemens qui ont été publiés depuis cette époque,
se sont proposé un but tout-à-fait contraire.

Ainsi, d'après cette observation, la législation a entendu donner au commerce des fonds
publics les plus grandes facilités, la plus grande
latitude. La jurisprudence de la Cour royale de
Paris tend à restreindre indéfiniment ce commerce. Sous ce nouveau point de vue, entièrement dégagé des intérêts individuels , et qui
ne s'en rapprochera que par les conséquences,
il s'agit de savoir qui a tort, de la législation ou
de la jurisprudence ? Le droit est pour la loi :
toutefois, la raison pourrait se déclarer en faveur de la jurisprudence, qui y trouverait, dans
ce cas, au moins une excuse ; mais si la raison
était pour la loi, il faudrait bien cependant

que, malgré la jurisprudence, la loi rentrât dans tous ses droits.

Pour jeter quelque lumière sur ces grandes questions, il faut examiner ce que sont les fonds publics, dans l'intérêt politique du gouvernement; ce qu'ils sont dans l'intérêt économique de la société; si le commerce de ces fonds est utile, et jusqu'à quel degré : dans ce cas, quel est le caractère de ce commerce; s'il diffère des autres commerces, ou s'il leur est en tout point semblable.

La solution de ces questions une fois trouvée, il sera facile, ou, si l'on veut, moins difficile d'apprécier les doctrines opposées de la législation et de la jurisprudence de la Cour royale de Paris; de se déterminer sur le choix, peut-être même de découvrir ce qu'il conviendrait de leur substituer, s'il arrivait que l'on trouvât, dans l'une comme dans l'autre, qu'on a manqué le but, parce qu'on n'a pas suffisamment approfondi le caractère du sujet.

Indépendamment de l'intérêt que comporte en elle-même, et sous ce premier point de vue, cette discussion, une autre cause me détermine encore à m'y livrer. En général, les esprits sont loin d'être fixés sur cette matière; elle est environnée des préventions les plus fâcheuses; peut-être même est-elle obscurcie par des sentimens peu honorables. Parmi les écrivains qui s'en sont occupés, ceux même qui ont mérité le plus de réputation, n'ont guères publié que des erreurs. Il faut attribuer à cette incohérence dans les idées, à ce désaccord entre les doctrines et les choses, entre les opinions et les faits, ces tâtonnemens, ces incertitudes qui peuvent mettre en opposition l'administration avec les tribunaux, et qui seuls expliqueront comment on aurait pu chercher dans la morale des armes en faveur de la mauvaise foi.

Le mécanisme des sociétés a, comme la nature physique, ses phénomènes qui étonnent l'ignorance, et s'emparent de la crédulité. On s'est fait, des emprunts publics, de leur négociation et de leur commerce, de véritables fantômes. En contemplant l'ouvrage de son imagination, on perd de vue les élémens qui les constituent. C'est à ces élémens que je veux rappeler une opinion trop facile à se prévenir, trop prompte à s'irriter.

Dans une carrière longue et pénible où je me suis trouvé jeté jeune encore, je crois, sous le rapport politique, avoir montré un dévouement sans bornes; en administration, j'ai rendu à l'État deux services éminens.

L'État était aux abois faute de ressources et d'argent; les impôts, restreints presque à la propriété foncière, n'égalaient pas les dépenses courantes, et nous avions à soutenir des guerres étrangères.

Le système des économistes, adopté par l'Assemblée constituante, est une des grandes erreurs dans lesquelles puissent tomber des écrivains, même spéculatifs ; à plus forte raison, l'administration publique. Il n'est nullement en harmonie avec l'ordre économique des sociétés modernes, où les capitaux mobiliers jouent un si grand rôle dans les travaux de la production ; mais il est populaire, parce que, en apparence, il épargne les classes pauvres. Les préventions contre les seuls moyens propres à redresser ce faux système, et à rendre les recettes suffisantes, paraissaient insurmontables.

Le premier point était de donner aux finances une base large et solide : cette base consiste dans ce qu'on est convenu d'appeler le *crédit public*, c'est-à-dire, la confiance qui fait qu'un gouvernement, à raison de sa bonne foi connue, est toujours abondamment pourvu de tout ce qui lui est nécessaire. On ne payait pas plus les créanciers de l'État, que les dettes relatives aux autres services ; et, tout en avouant que cette position était fausse et funeste, on semblait se complaire dans ces petites ruses, au moyen desquelles on écartait l'importunité, on fatiguait la plainte. Je ne dirai pas qu'on ne s'occupait point de sortir d'une position aussi misérable, on n'y songeait même pas : cependant il était plus que temps de rompre une bonne fois avec des illusions plus dangereuses encore que déshonorantes. C'est ce que je fis, bientôt secondé par quelques bons esprits ; et, après dix séances de divers Comités, où il fallut combattre tous les genres de résistances, et jusqu'à des calomnies, je fus autorisé à proposer au Conseil les lois qui assurèrent le payement des arrérages de la dette publique, qui fixèrent la nature du titre de ces créances, qui en réglèrent la mutation, le transfert et le commerce.

En second lieu, il était non moins indispensable, autant d'après notre état agricole et industriel, que relativement aux besoins du Trésor, de modifier et compléter le système des contributions. Ce n'était que par des impôts indirects sur les consommations, qu'on pouvait obtenir des ressources efficaces, et atteindre le but. J'en proposai l'établissement en l'an 7 (1799). A cette occasion, j'osai dire : « L'impôt essentiellement favorable à l'ouvrier, au pauvre, est l'impôt que payent le pauvre et l'ouvrier. » On pense bien que ce langage aussi inattendu qu'il était nouveau, excita des murmures. Je prouvai mon assertion, et ma proposition fut adoptée.

Voilà ce que je ne crains pas d'appeler des services réels dont les gouvernemens qui se sont succédés, ont eu le bon esprit de profiter, sans m'en savoir plus de gré, soit dit en passant (1).

Lorsque je m'occupe de l'arrêt de la Cour royale de Paris, qui consacre une doctrine contraire à celle sur laquelle j'avais proposé d'établir la nouvelle législation, je ne fais donc que reprendre la suite de mon travail, et m'assurer si vraiment nous aurions eu tort de surmonter tant de préventions et d'obstacles, pour donner un crédit public à la France.

Trente ans d'étude et d'expérience ne sont pas un motif suffisant pour qu'on m'en croie sur parole ; mais peut-être y trouvera-t-on, je l'espère au moins, des motifs pour peser mûrement mes opinions, avant de les rejeter.

______

(1) Je sais que des électeurs de mon département ont rappelé, dans ces derniers temps, cette proposition, comme un tort qu'on avait le droit de me reprocher. En proposant une mesure utile à l'Etat, j'étais certain, comme je le suis encore, d'avoir bien servi tous les genres d'industrie. Il n'y a de prospérité possible pour personne auprès d'un gouvernement qui ne paye pas ou qui paye mal ses dettes. Il faut que ses finances soient abondantes, et qu'il puisse faire largement et sur le champ ce qui est nécessaire, même ce qui n'est qu'utile.

*Dès Fonds publics, dans l'intérêt politique
du Gouvernement.*

Il faut aux sociétés humaines une autorité
qui protége et réprime.

Cette autorité peut offrir deux caractères
tout-à-fait opposés, selon que les sociétés ont
été envahies et subjuguées, ou qu'elles ont pu
se donner un gouvernement à leur choix ;

Ou l'autorité agit dans son seul intérêt, selon
ses convenances et ses caprices, alors c'est un
maître qui ordonne en vertu de ce qu'il regarde
comme son droit ;

Ou l'autorité agit dans l'intérêt commun de
la société, d'après des règles qui ont pour objet
la conservation de tous et de chacun, autrement
selon des lois. Aucun des grands gouvernemens
de l'Europe ne pouvait, à son origine, être mis
dans cette catégorie.

Dans le premier cas, l'autorité ne pourra
être l'ouvrage que de la conquête ; mais le chef
des conquérans trouvera dans les autres chefs
des égaux, des rivaux, à qui il devra des ménagemens ; tous partageront le territoire, y
compris les vaincus, sous la condition d'une
apparence de subordination qui admettra toutefois l'emploi de la force en cas de contestation
entre des chefs qui n'auront de frein réel que le

sentiment de leur faiblesse ; tous , je le répète, au même titre, seront maîtres du territoire comme des habitans ; et même dans un
rang inférieur, dans une étendue plus cir-
conscrite, la propriété éprouvera encore des
sous-divisions suivant le même ordre et d'après
les mêmes principes. Il y aura des redevances
et point d'impôt, comme il y aura un roi et
point de véritable autorité, une population et
non un état, des chefs et point d'administration
publique ; on n'y lèvera point d'impôts, par la
raison qu'hommes et choses appartiennent aux
chefs, et que chacun exigeant annuellement
tout ce que peut produire le travail misérable
du servage dans une société sans lumières, il
n'y a rien à demander de plus, puisqu'il n'y a
rien au-delà ; mais comme tous les individus
seront sujets, dans la force du terme, ils seront
classés pour le service militaire, de manière
qu'en cas de guerre, on puisse faire marcher
jusqu'au dernier. Ainsi, tout le monde pourra
au même instant être mis sur pied, au moins
momentanément, car il n'y a pas de perma-
nence possible dans un état de civilisation qui
n'offre ni ressources ni administration ; mais
pour chacun des belligérans, les moyens d'at-
taque, comme ceux de défense, auront la même
latitude et les mêmes limites. Tel devait être

l'ordre économique sous la féodalité pure, où la propriété donnait le titre du commandement en même temps qu'elle déterminait les conditions de l'obéissance.

Un tel état de choses ne pourra durer long-temps ; les intérêts y sont tout à la fois trop rapprochés et trop indépendans. Celui des chefs qui aura acquis quelque prépondérance, cherchera à l'accroître ; il sentira qu'il ne peut y parvenir qu'au moyen d'une plus grande force et d'une force permanente. De ce moment, il soldera des troupes : mais ses revenus, comme propriétaire, comme maître, ne suffiront plus ; il éprouvera le besoin d'ouvrir d'autres voies pour obtenir les secours dont il aura besoin : cette voie, c'est l'impôt. Toutefois, pour avoir des impôts, il faudra des hommes qui puissent les payer. On les trouvera au moyen de quelques libertés accordées à de certains travaux, à de certaines classes. Le chef suprême voudra augmenter successivement ses forces ; pour y parvenir, il sera obligé d'étendre dans la même proportion la liberté du travail, de donner des garanties à la propriété particulière, à la sûreté des personnes, parce qu'il sentira que, pour que l'impôt soit dans la proportion des charges, il sera nécessaire que la production du travail soit dans la proportion de l'impôt ; il faudra, de plus, des agens, tant pour faire les recettes, que pour effectuer les dépenses au nom du chef suprême.

Du moment que l'on a introduit dans l'Etat des troupes régulières et permanentes, et qu'on a adouci le joug qui pesait sur tout ce qui n'était pas maître, les élémens de la société ont été altérés; une grande révolution a été préparée. Il n'y avait que des maîtres et des esclaves. Déjà, par l'établissement des troupes permanentes, nous voyons dans l'Etat un chef suprême, réel, des chefs héréditaires, mais subordonnés, des officiers salariés, aux ordres du prince, et des travailleurs indépendans.

Ainsi, accroissement de forces, accroissement d'impôt, accroissement de liberté.

De cette liberté qui affermit le pouvoir, qui crée l'Etat, et produit un commencement de richesses, naît bientôt un autre phénomène : ce sont les travaux intellectuels, les travaux de l'esprit, qui, après s'être exercés sur des objets de pure imagination, se tournent successivement vers les choses réelles de la société, pour les analyser, les discuter et les juger. Voilà une cinquième puissance qui va concourir désormais avec le chef suprême, avec l'hérédité du privilége, avec les officiers salariés du prince, avec les industries de toute espèce. — Tous ces élémens opposés seront dans une

guerre perpétuelle, tantôt sourde , tantôt dé-
clarée. Le prince voudra conserver et accroître son pouvoir; les héréditaires travaille-
ront à recouvrer leurs avantages perdus, tandis
que les travaux intellectuels et ceux de l'industrie, en butte à toutes sortes de contrariétés ,
feront cependant des progrès dans l'intérêt de
l'État et de l'humanité.

Ce chef sera arrêté sans cesse par le besoin
d'argent et par des intérêts contraires à ses vues,
qui diminueront ou qui empêcheront l'impôt;
mille circonstances rendront l'impôt insuffisant,
en le supposant tout ce qu'il peut être. Le prince
altérera les monnaies; il aura recours aux
confiscations, aux exactions, aux extorsions de
toute espèce; il créera des charges, des emplois de toute nature, qu'il vendra; il les modi-
fiera , les supprimera et les rétablira, pour les
revendre de nouveau, etc..... Cependant, au
milieu de ce désordre, son autorité s'affermira en
même temps que l'administration commencera
à s'éclairer; on essayera des emprunts. Mais les
principes du crédit seront ignorés; la confiance
sur laquelle il repose n'est pas la compagne fidèle
du pouvoir absolu et de l'arbitraire. Les emprunts seront mal conçus, exposés à des réduc-
tions, à des banqueroutes; les créances pour des
dépenses faites, formeront, dans d'autres temps,

des arriérés qui ne seront encore que des banqueroutes prolongées et honteuses, ou des emprunts forcés mal déguisés.

Suivons avec attention les progrès de cette
nouvelle économie introduite dans l'administra-
tration d'une société qui se développe, et tâ-
chons d'en saisir les principaux traits. Nous
voyons la force obligée d'invoquer la liberté,
l'industrie se proportionner à l'indépendance
ou, à cette liberté, les charges augmenter en
même temps que l'une et l'autre, et la richesse
croître avec les charges.

Les charges sont résultées de ce que le prince
se trouvait dans la nécessité de combattre contre l'étranger et dans l'intérieur, pour conserver et *former la société*. Que ce fût pour son
compte, ou par tout autre motif, peu importe :
sa situation progressive rendait chaque jour ses
besoins plus sensibles, et il ne pouvait y satis-
faire qu'au moyen de ressources ordinaires et
extraordinaires. Ces dernières étaient presque
toujours funestes, parce que, dans ce combat
des intérêts opposés, une marche régulière dans
l'administration était impossible.

Enfin, après des siècles de cette lutte pénible et souvent désastreuse, au milieu de laquelle cependant la société a constamment
grandi, les hérédités privilégiées et dominatri-

ces, successivement réduites, seront absorbées; le pouvoir suprême et les intérêts sociaux se trouveront dégagés de ce qui leur faisait obstacle; la société tout entière, sans mélange, sans intermédiaire, se trouvera vis-à-vis d'elle-même avec tous ses droits, mais avec les charges que la conservation de ces droits lui impose. Toutes les attributions héréditaires individuelles détruites, il ne restera que l'impôt, pour faire face à tous les services, et qu'une armée soldée pour la défense de l'Etat.

L'impôt, réglé sur les besoins reconnus pour être habituels, ne pourra faire face qu'aux dépenses ordinaires : comment pourvoira-t-on aux dépenses extraordinaires et imprévues?

Par un accroissement d'impôt ? La somme qui fait face aux dépenses ordinaires est toujours, ou à peu de chose près, égale à tout ce qu'on peut imposer. L'impôt se règle sur les produits présumés des capitaux de toute espèce, et non sur les fortunes : il a donc des limites qu'on ne peut dépasser. D'ailleurs, ces besoins extraordinaires sont toujours l'effet ou le signe de quelque calamité. En imposant, on prendrait, pour augmenter les charges, le moment où celles qui existent, paraissent plus pesantes. Il est reconnu qu'une augmentation d'impôt ne peut, dans aucun temps, dans aucun cas, offrir une ressource prompte et importante.

Aura-t-on recours à la thésaurisation, au moyen d'une somme accumulée chaque année? On sait ce que devint le trésor amassé par Henri IV. Indépendamment de cet exemple, la thésaurisation est nécessairement bornée, lente, périodique; les événemens qui exigent des dépenses extraordinaires, peuvent être brusques, multipliés, prolongés.

En second lieu, l'expérience démontre qu'une société n'a jamais assez de capitaux en circulation; que, de leur activité et de leur échange, résultent l'aisance, la prospérité et la richesse : comment concilier ce principe avec la thésaurisation, qui équivaut, tant qu'elle dure, à l'anéantissement des capitaux? La thésaurisation, dans notre état social, serait un contresens, une absurdité ruineuse.

J'ai déjà dit que l'impôt ne pouvait atteindre que les produits du travail, et il ne le peut que dans une faible, et, autant que possible, égale proportion.

Les produits du travail ont deux sources : 1°. le travail manuel de l'homme; 2°. le concours des capitaux. Le travail manuel n'a pour le travailleur qu'un résultat borné, un peu plus ou un peu moins avantageux, selon la difficulté du travail , et l'habileté de celui qui l'exécute. Ce travail cependant peut procurer des économies disponibles; mais les profits des capitaux se règlent par leur étendue, et non d'après des quotités déterminées, applicables à un nombre d'individus quelconque. Or, chaque capitaliste recueille dans la proportion des capitaux qu'il emploie; et un seul capitaliste peut réaliser chaque année des sommes considérables, qui, reversées dans la production , augmentent successivement ses profits et ses revenus. C'est donc dans les mains de ces capitalistes que se trouvent les ressources d'un gouvernement, comme ils sont déjà l'ame du travail et des grandes entreprises. Mais ici la force et l'autorité ne peuvent rien : d'abord, parce qu'elles ne sauraient où frapper, attendu qu'on ne peut reconnaître à aucun signe certain qui, dans ce grand mouvement d'affaires, a été plus ou moins heureux; ensuite elle le pourrait, qu'elle devrait encore s'abstenir; car la plus légère violence ferait disparaître à l'instant jusqu'aux traces des richesses qu'elle aurait pour but de mettre sous sa main.

Qui pourra donc attirer dans les caisses publique la somme de ces capitaux nécessaires aux besoins de l'État? Il n'existe qu'un seul moyen : c'est cette espèce de confiance qu'on exprime par le mot *crédit*. Mille, dix mille capitalistes ne se chargeront pas de soutenir l'État; c'est un sacrifice qu'à aucun titre l'autorité n'a le droit d'exiger d'eux; mais ils lui confieront tout ou partie des fruits de leur industrie, s'ils croient voir dans l'organisation politique et dans les principes de l'administration les sûretés que la prudence exige, toutes les fois que l'on dépose dans les mains d'un tiers les ressources et le bien d'une famille.

Ainsi, il faut considérer comme un fait incontestable, qu'il est impossible qu'un État, quelque sage que soit sa politique, quelque prévoyante et quelque bienveillante que soit son administration, ne soit pas exposé à des dépenses extraordinaires. Il faut, de plus, reconnaître comme un principe, que, pour faire face à des dépenses extraordinaires, il faut des ressources extraordinaires, et que ces ressources n'existent que dans l'emprunt. L'emprunt n'est pas une faculté qu'on puisse remplacer par une autre, un système auquel on puisse substituer d'autres combinaisons d'une nature différente; il est un besoin, une nécessité, le résultat impérieux d'un ordre de civilisation, où tout ce qui est d'intérêt public est à la charge du public, mais où tout doit être réglé d'après la confiance et la justice. Et quoi de plus juste que d'indemniser ceux des citoyens qui épargnent à la masse générale des sacrifices qu'ils ne pourraient supporter, tout en les ruinant! Quoi de plus juste que de faire partager aux générations futures des dépenses auxquelles elles devront leur prospérité ou leur existence, et peut-être l'une et l'autre !

On a beau étaler et grossir les nombreux inconvéniens des emprunts : sous ce premier point de vue, toutes ces argumentations, toutes ces déclamations doivent tomber devant un principe lié à la nature même des choses. Un écrivain très-spirituel disait dernièrement dans un journal célèbre : « Ce ne sont pas les nations les plus riches en population ou en territoire, qui ont exercé l'action la plus forte, ce sont les plus riches en *écus*. » Cette assertion est loin d'être exacte ; les plus puissantes, ce sont les plus riches en crédit, parce que le crédit seul imprime le mouvement aux écus, et les supplée; il semble qu'il soit inépuisable.

Il est une autre considération non moins impérieuse, et qui rend les discussions tout aussi oiseuses que ce qu'on peut dire maintenant sur l'emploi des mécaniques dans les travaux de l'industrie manufacturière. Lorsqu'au moyen de ces procédés si puissans, on peut produire cent fois plus, et vendre à vingt fois meilleur marché, sera-t-il raisonnable de s'obstiner, dans une autre contrée, à conserver l'ancien mode de fabrication, parce qu'on craindra de priver de leur travail des hommes qui, eux-mêmes, vu le bas prix, emploieront les produits de ces machines que l'on entend repousser ? Il faut bien céder à la force des choses, et la force des choses consiste dans une masse de faits déjà constans, que l'on ne peut détruire, et qu'il est dangereux de se dissimuler.

Il en est absolument de même du crédit public et des emprunts : du moment qu'un gouvernement a trouvé et employé cet immense levier dont la force est incalculable, qui met à l'instant dans sa main toutes les richesses du passé et de l'avenir, il n'y a plus pour les autres à délibérer; il faut user du même moyen, ou succomber : autant vaudrait, dans un système contraire, sous prétexte des ravages que cause la poudre à canon, faire la guerre avec des lances, et attaquer avec des frondes des batteries armées de pièces de gros calibre.

Ainsi, dans l'état où sont les choses, le premier soin que doit avoir un gouvernement sage et prévoyant, doit être de se ménager la faculté d'emprunter. Cette faculté a ses dangers sans doute; mais que l'on fasse bien attention que si un gouvernement peut en abuser,

il rencontre, d'un autre côté, dans la conviction
de ce besoin, un frein qui soumet sa marche
à l'opinion des peuples, ainsi qu'aux progrès
de la civilisation.

En effet, les emprunts ne peuvent avoir un
plein succès que sous les gouvernemens réguliers : ce n'est pas seulement parce que les engagemens sont sacrés sous ces gouvernemens
seuls, comme on l'a souvent répété. Pour que
le crédit soit entier, il ne suffit pas d'avoir la
volonté de payer, il faut, de plus, qu'on regarde
comme certain qu'on en aura la faculté : or,
ce n'est encore que sous les gouvernemens réguliers, et constitués d'après les principes de la
plus grande liberté pour toutes les industries, que les moyens de richesses sont inalté-
rables.

Mais si les emprunts sont une conséquence des
progrès de la civilisation, une garantie des
gouvernemens constitutionnels, ils doivent être
placés sous la sauve-garde des principes de ces
gouvernemens, où rien ne doit être fait qu'au
nom de la justice, et pour le plus grand bien
de la patrie. Plus la ressource est précieuse, et
plus elle doit être ménagée. Après le sang des
hommes, c'est leur argent qu'il faut épargner;
car leur argent, c'est encore leur vie. Le crédit
sera inébranlable, si l'action des gouvernemens,

dans leurs rapports extérieurs comme dans ceux de l'intérieur, est toujours juste.

L'opinion de beaucoup de personnes qui ne sont pas sans lumières, est contraire aux emprunts. Parmi les écrivains qui se sont occupés de l'administration publique, les uns disent : « Empruntez toujours ; les emprunts sont le moyen le plus puissant de circulation, par conséquent, une source inépuisable de richesses. » « N'empruntez pas, s'écrie le plus grand nombre ; les emprunts sont la ruine des peuples et la mort des États. »

Il ne faut point se laisser imposer par les premiers, ni s'effrayer avec les seconds. On peut demander aux uns comment on peut avoir la pensée de placer l'infini dans ce qui a des bornes; aux autres, quels moyens ils emploieront dans le cas d'un besoin réel, urgent, et qu'il a été impossible de prévenir?

Si vous dites à ceux-ci que le système des emprunts n'est funeste que par l'abus qu'on en fait, ils vous demandent quel est le gouvernement qui n'en ait pas abusé; si tous les peuples ne sont pas écrasés sous le fardeau de leurs dettes, et s'il ne faut pas rejeter, même avec indignation, un moyen qu'on ne peut séparer de l'abus?

J'ai posé comme un principe, que les em-

prunts n'étaient sans danger que sous des gouvernemens réguliers : dès-lors, je demanderai,
à mon tour, quels sont les gouvernemens réguliers qui ont existé jusqu'à ce jour ? On me ré-
pondra : l'Angleterre ; et on ne manquera pas
d'ajouter : voyez jusqu'à quel point l'Angleterre
a abusé de l'emprunt.

L'Angleterre avait fait, dans le courant du
dernier siècle, des guerres que plusieurs circonstances rendirent honteuses ; mais la guerre
qui a fait de la dette de l'Angleterre un fardeau
insupportable, fut, dans l'intention du ministre
qui l'a dirigée, une guerre impie, entièrement
contraire à l'esprit des institutions de sa nation,
par conséquent en dehors de tout gouvernement
régulier ; on peut dire qu'elle fut un attentat à
l'humanité ; et la Providence attache à l'injustice un double châtiment : l'injustice ne dé-
shonore pas seulement, elle ruine. La dette an-
glaise, que ce peuple supportera plus long-temps
que ne le pensent quelques esprits, n'en est pas
moins un horrible fléau. Ce fléau prouve jusqu'à
quel point une fausse politique peut égarer ; il
prouve en même temps jusqu'à quel degré peuvent être portés la puissance du crédit et son abus ;
mais il ne prouve pas que, dans des circonstances
impérieuses, il y ait d'autre ressource que l'emprunt, une ressource plus prompte, plus absolue,

plus salutaire. L'exemple de l'Angleterre démontre à la fois son efficacité et son danger ; il fait une loi de s'arrêter, mais non pas de s'abstenir.

L'exagération est dangereuse en tout : en repoussant indéfiniment les emprunts, les gouvernemens n'en vont pas moins leur train ; ils se moquent des vaines théories des écrivains, et ils ont raison. Mais ramenez les choses à des termes raisonnables ; admettez ce qui est utile, nécessaire, et montrez le danger là où il est réellement, c'est-à-dire, là où un gouvernement abandonne la ligne de la sagesse, de la prévoyance et de l'équité, pour se livrer à de fatales spéculations : alors vos paroles auront du poids, et pourront produire quelque bien.

Les emprunts sont une partie si essentielle dans notre économie sociale, et les fonds publics jouent un si grand rôle dans la circulation, que leur régime devrait faire partie des lois constitutives de l'Etat, relativement à leur progression, et aux circonstances qui pourraient les autoriser.

Je conclus de tout ce qui vient d'être dit, que l'emploi du crédit est indispensable dans les Etats qui sont régis d'après les intérêts les plus généraux de la société. Je vais maintenant examiner quelle peut être l'influence des emprunts sur l'ordre économique.

Des Fonds publics, dans l'intérêt économique de la société.

La vie matérielle des sociétés repose sur les quatre grandes branches du travail : l'agriculture, le commerce, l'industrie et les travaux intellectuels; elle se compose de rapports délicats qui se ramifient à l'infini, et touchent chaque individu, sans exception, par tous les points de son existence physique et morale. Le grand art d'une administration sage et habile consiste à ne blesser aucune de ces fibres si sensibles, et à ne pas déranger le jeu de cette machine immense; à plus forte raison, à prévenir des secousses qui, si elles ne la paralysent pas, en altèrent les mouvemens, en troublent l'harmonie, et produisent des maux plus ou moins grands, mais toujours déplorables, parce qu'il n'y a de maux nécessaires que ceux qui résultent des fléaux de la nature.

Or, quelle serait la situation d'un Etat où l'on doublerait tout à coup l'impôt, ou seulement on l'augmenterait de moitié, d'un quart? Toutes les habitudes rompues, les consommations attaquées, les capitaux troublés dans leur emploi, dans leur marche naturelle et accoutumée, les débiteurs désolés, les créanciers frustrés : un tel désordre serait une veritable désorganisation.

Le premier fruit qu'une société retire d'un système d'emprunt, toujours justifié d'avance par sa cause, est de rester dans la situation où elle se trouve au moment du besoin, et de se vivifier même par l'argent que jette dans la circulation la dépense subite de fortes sommes.

Si le titre qui représente l'argent ainsi placé est facilement et toujours négociable; s'il peut se diviser et se subdiviser selon les besoins ou le caprice du propriétaire , seul système qui convienne à des emprunts, pour qu'ils puissent indemniser la société des charges dont il est la cause , alors il produira bien d'autres effets.

L'emprunt en lui-même ne prouve rien. La faculté d'emprunter annonce qu'on offre une responsabilité relative, et qu'on jouit, sous ce rapport, d'assez de confiance; mais si l'on jugeait un emprunt d'après les idées communément reçues, on n'y verrait autre chose que le signe d'une détresse, et pour résultat, qu'un appauvrissement.

Ce n'est pas non plus par la dépense qu'un emprunt ajoutera à la richesse, au moins sous des rapports durables , car il peut s'ensuivre de la dépense, que l'argent est dissipé , et que la charge reste; c'est par son mode.

Pour juger de l'effet d'un emprunt, il faut donc, comme dans tout ce qui est finances, le prendre à sa source, en examiner la forme, le système et les conditions ; il faut le suivre dans son développement, ainsi que dans les divers canaux qu'il est destiné à parcourir.

En économie politique, on peut poser comme un principe invariable, que chaque circonstance est cause et effet tout à la fois : ainsi, une circulation plns abondante et plus rapide facilite et accroît le travail journalier, et un travail toujours croissant augmente et accélère la circulation.

Un emprunt public est toujours avantageux par le mal qu'il prévient, comme s'il maintenait le mouvement des affaires prêt à se rallentir, ou s'il dispensait d'une augmentation d'impôt qui serait onéreuse, par conséquent nuisible. L'avantage sera positif et plus sensible, s'il donne de l'activité à des capitaux sans emploi, s'il attire les capitaux de l'étranger : sous ce rapport, il participe de certains emprunts privés. On peut, en outre, à raison de son importance, d'après sa position centrale, l'étendue de son emploi, et la nature des titres qui le représentent, en obtenir des services incalculables, et qui leur sont propres.

Pour rendre ces observations plus frappantes,

suivons la marche et examinons les analogies de plusieurs sortes d'emprunts, et des divers emplois du crédit.

Un propriétaire a fait des dépenses de jouissance et d'agrément; il emprunte pour payer les dettes qui en sont résultées : il se donne par-là le temps d'attendre des rentrées, ou de rencontrer quelques chances favorables, ou seulement il retarde l'aveu de sa ruine. Mais il emprunte pour des améliorations qui ont réussi; il a donc obtenu par le travail une compensation plus ou moins grande du sacrifice qu'il a fait : de cette manière, il a reversé d'abord dans la circulation la somme empruntée; et s'il a obtenu de son domaine une augmentation de produits égale à l'intérêt de cette somme, il a nécessairement ajouté à sa propriété un capital égal à la somme empruntée; car cinq mille francs annuels de produits en bénéfice, indépendamment des frais d'exploitation, valent au moins cent mille francs, comme cent mille francs bien placés et bien employés, donnent au moins cinq mille francs d'intérêt par an : il a donc enrichi la société d'une somme égale à celle qu'il avait empruntée; plus, des frais de production qui ont fait vivre plus ou moins de travailleurs. S'il a obtenu des produits doubles de l'intérêt de l'argent emprunté , comme cela doit résulter, ou à peu près, d'une opération bien conçue, il n'a pas seulement enrichi son domaine et la société, il a gagné personnellement sur son emprunt, toujours en enrichissant d'autant l'Etat.

Remarquez le mouvement et l'économie de ces emprunts : la somme d'argent, dans les mains du prêteur, représentait du travail fait, prêt à s'associer à un nouveau travail à faire. L'emprunteur lui offre cet emploi, au moyen de garanties. L'entreprise ne réussit pas ; le prêteur se trouve subtitué à l'emprunteur, jusqu'à due concurrence. Si, au contraire, l'entreprise réussit, et donne annuellement un bénéfice égal à l'intérêt de la somme empruntée ; à plus forte raison, s'il donne davantage, le titre du prêteur représente cet accroissement de valeur. Ce titre est donc, dans l'un comme dans l'autre cas, en fait comme en droit, une réalité, et non une fiction.

J'ai besoin d'insister sur cette observation, et je demande un peu d'attention, parce que c'est ici que se trouve la source première de bien des erreurs en économie politique, surtout quand il s'agit des emprunts des gouvernemens.

Je suppose que la somme prêtée est de dix mille francs, et que le bien sur lequel on prête vaut trente mille francs : le prêteur et l'emprunteur ont donc ensemble quarante mille francs. L'emploi des dix mille francs n'a aucun succès, et l'avoir du prêteur et de l'emprunteur se trouve réduit à trente mille francs. On en conclut que les dix mille francs sont perdus : cela est vrai pour l'emprunteur, mais non pour la société ; les dix mille francs en argent qu'il a dépensés, ont continué leur fonction dans la circulation ; ils ont pu, pendant le même espace de temps, produire dix fois leur valeur, et laisser des bénéfices dans toutes les autres mains par lesquelles ils ont passé. Il en est ainsi des emprunts publics, même faits mal à propos. Continuons :

Un négociant vend pour cent mille francs de marchandises qu'il aura peut-être achetées la veille ; il les aura payées avec sa signature ; lui-même aura reçu les billets de son acheteur, qui, de son côté, en revendant, recevra aussi son payement en effets de commerce. Le prix d'achat de la matière première, celui de la main-d'œuvre et des transports avaient aussitôt été remis dans la circulation, ou plutôt ils circulaient en payant. La marchandise existe ; plusieurs centaines de mille francs qui en représentent autant de fois la valeur, existent en même temps, passent dans d'autres portefeuilles, pour solder de nouveaux achats, ou vont à l'escompte chercher de l'argent pour payer des journées et de la main-d'œuvre. Mais on travaille de tous côtés, et ce papier est le levier qui remue tous les bras, soutient toutes les entreprises; il est comme la chaîne qui lie, co-ordonne tous les travaux, et sert à en répartir les produits dans de justes proportions. De telles valeurs représentant des échanges, quintuplent et décuplent les moyens de circulation; elles associent tous les travaux; elles sont un mandat sur ceux qui se font ou qui vont être entrepris, et qui n'auraient pas lieu sans la confiance réciproque qui forme cette belle et imposante association. Elles représentent, elles conservent, elles multiplient les richesses.

Ce papier est un moyen, une préparation de payement. Le papier qu'on appelle de *complaisance* ou de *plaisir*, qui n'est point le prix d'un achat, qui ne représente que des espérances, qui n'est qu'une ressource dans la détresse, une combinaison pour sortir de l'embarras du moment, qu'est-ce autre chose qu'une manière d'emprunter, et quelquefois, il faut en convenir, un moyen de tromper? Et cependant le crédit est si puissant, le mouvement et l'action sont si nécessaires à la vie sociale, que cette circulation vicieuse, peut-être même criminelle dans son principe, peut encore avoir été utile à la société, quoiqu'elle n'ait pas rétabli les affaires de celui qui a emprunté, et qu'elle ait ruiné le prêteur trop confiant; tant il faut se garder de juger des opérations sociales sur des apparences ou d'après un fait isolé, quoique incontestable !

Les billets de banque, quand ils sont reçus, sont inappréciables, parce qu'ils triplent et quadruplent les moyens de circulation.

Le capital de la rente figure à tous ces titres dans le système général de la circulation, et y remplit divers offices d'une égale importance. Il est hypothécaire par son gage, chirographaire par sa mobilité, et comme étant affecté sur les travaux de toute nature. Il a l'un des caractères de la monnaie, puisqu'il paraît sous le sceau du gouvernement. Ainsi que les titres des prêts particuliers, il représente du travail fait; il est une assignation indéfinie sur le travail en activité et à faire.

Le capital de la rente, comme les effets du commerce, est négociable et réalisable à volonté; il peut être le gage d'un emprunt momentané; on peut le consigner à titre de cautionnement; il sert de base, et lui seul peut rendre ce service, à des placemens simples d'économie, ou à des placemens composés ou ton-

tines, dont l'utilité, malgré les erreurs opi-
niâtres et les efforts de la routine, sera chaque
jour mieux appréciée (1).

Dans le portefeuille des capitalistes, dans
celui du négociant, il devient l'aliment des opérations les plus étendues, les plus variées, et
se combine sans cesse avec des spéculations,
soit financières, soit commerciales; fixé dans la
main du rentier, il tient de la nature de l'im-
meuble, sans en avoir ni les charges ni les
incommodités; ce qui balance les variations
auxquelles son prix est exposé.

Le capital de la rente est donc en quelque
sorte une substance ductile, malléable, qui se
prête à toutes les formes, à toutes les combinaisons, à tous les besoins, à toutes les spéculations. On peut juger, par cet aperçu, du con-
tingent pour lequel il entre dans la circulation,
et de l'influence incalculable qu'il exerce sur

---

(1) Les esprits sont encore incertains sur l'utilité de
ces placemens, et sur le meilleur mode à suivre. J'ai
été à même de remarquer à cet égard une légèreté bien
extraordinaire. Je n'en recommande pas moins à l'attention publique le système des placemens *à terme fixe* et
des placemens *par compagnie* de l'Agence générale,
rue Feydeau, n°. 1; je l'ai produit comme le type et
le principe de tout ce qu'on a fait ou qu'on pourra faire
dans ce genre.

son activité : dès-lors il est aisé de juger comment ce qui ne paraissait, dans son principe, ne devoir être qu'une charge, se transforme en un moyen d'abondance et de prospérité.

Remarquez que je ne parle ici que de ses effets habituels, et que je ne traite pas la question sous le rapport de la cause des emprunts, ni du bon ou mauvais emploi qu'en aurait fait un gouvernement : mais bien ou mal employé, dès que ce capital existe, tout ce qui peut concourir à le maintenir en crédit, exige les soins les plus attentifs et les plus grands ménagemens ; la plus légère imprudence qui en inquiéterait le commerce, porterait un coup funeste à la prospérité sociale.

Mais les emprunts, devenus nécessaires à l'indépendance des nations et à l'équilibre des gouvernemens, ne produisent-ils pas plus de maux encore que d'avantages ? Et sous ce point de vue, ne convient-il pas de réduire autant que possible leur influence ?

Que n'a-t-on pas dit sur les inconvéniens des emprunts !

Selon leurs détracteurs, la surabondance des richesses mobilières dans plusieurs Etats, donne aux gouvernemens cette facilité d'emprunter, qui les trompe, les séduit et les expose à périr en abusant d'eux-mêmes : de là un système financier qui n'est que cette facilité savamment et perfidement organisée. La richesse mobilière, qui, comme les troupes permanentes, a réussi à affranchir les individus, peut, en se transportant au gouvernement, être employée à les asservir ; centralisation financière aussi funeste que la centralisation administrative. Les emprunts sont une usurpation sur les droits et sur les travaux de l'avenir et de la postérité, et pour quel but !

Indépendamment de la facilité que les emprunts donnent aux gouvernemens d'exécuter les projets les plus désastreux, d'entreprendre des guerres ruineuses et interminables, ce sont autant de sommes enlevées à la circulation, au commerce, à l'industrie, à l'agriculture, et presque toujours pour un funeste usage.

Les emprunts sont une atteinte à la propriété foncière, dont ils détournent et usurpent le revenu ; ils appauvrissent les campagnes, et en général tout le pays, pour faire vivre dans l'aisance et dans l'oisiveté les rentiers de la capitale.

Le papier qui représente ces emprunts n'est qu'un sigue fictif et variable ; il n'ajoute rien à la richesse ; seulement il alimente un jeu cruel et scandaleux ; autre calamité qui détourne encore de nouveaux fonds d'un emploi honnête et utile, pour en faire un instrument de ruine, de démoralisation, etc., etc.

J'admets, si l'on veut, que toutes ces objections sont fondées; qu'en conclura-t-on? qu'il ne faut pas faire la guerre. C'est bien, si on est le maître de ne pas la faire; mais si elle est inévitable, avec quoi la fera-t-on? On aura beau dire que notre agriculture manque de capitaux; que, d'ailleurs, la fécondité de notre sol et la variété de ses productions suffisent pour assurer une prospérité réelle, et que nous n'avons pas besoin de recourir à des moyens factices qui placent toujours un Etat dans une situation périlleuse. Le sol ne donnera pas deux récoltes, et la circulation ne triplera pas sa rapidité, pour donner en impôts ce que, sans cette espèce de prodige, on ne peut obtenir que par l'emprunt. Si la ressource des emprunts est funeste, l'impuissance l'est bien davantage : quand on est réduit à choisir entre deux maux, la prudence veut qu'on s'en tienne au moindre; et si relativement l'emprunt est ce qu'il y a de moins onéreux, il y a plus, s'il est l'unique moyen de salut, est-ce à le couvrir de défaveur que des esprits éclairés, que de bons citoyens doivent s'appliquer? Ne serait-il pas plus sage, au lieu de perdre le temps à déplorer des mesures qu'on n'a pu empêcher, et sur lesquelles encore on

peut se tromper, de chercher ce qui peut prévenir les inconvéniens qui naîtraient de ces mêmes
mesures? Parce qu'on aurait rempli l'édifice de
combustibles, est-ce un motif de sécurité que
de mettre le feu aux quatre coins?

Mais les emprunts en eux-mêmes méritent-ils
les reproches et les critiques violentes dont ils
sont l'objet?

Sans doute un gouvernement qui abuse de la
facilité d'emprunter, est bien coupable envers
lui-même et envers l'Etat; mais les gouvernemens
n'empruntent-ils que pour des guerres injustes?
Quand on a pu libérer la France envers l'étranger, et purger le sol de sa présence, en lui payant,
au moyen de l'emprunt, des sommes énormes,
et cela sans qu'aucune branche de l'économie
sociale en ait été sensiblement affectée, peut-on
raisonnablement accuser de *perfidie* le système
financier, les combinaisons de placement qui
ont donné cette *facilité?* Ne devons-nous pas,
au contraire, de la reconnaissance à ce progrès
de la science financière, qui nous a sauvés d'une
crise dont, dans d'autres temps, les ravages se
seraient fait sentir pendant un demi-siècle?

La richesse mobilière, par sa centralisation,
est devenue, comme la force permanente, dans
les mains des gouvernemens, un moyen d'asservir les peuples.

Le crédit porte avec lui sa garantie; il disparaît devant la violence. Loin d'être un appui pour l'arbitraire, il n'existe que par l'ordre, la bienveillance et la justice. Un gouvernement qui serait assez insensé pour suivre un plan contraire, n'y reviendrait pas à deux fois; la misère publique lui révélerait bientôt sa folie : on ne réduit pas en système un effet qui cesserait avec sa cause. Il est des momens d'égarement qui peuvent être bien funestes; mais ils ne sont pas durables. Nous entendons chaque jour former les vœux les plus impies pour le rétablissement de tout ce qui peut flétrir et dégrader l'humanité. Des essais informes apprendront bientôt dans quelle erreur tombent ceux qui prétendent y trouver des élémens d'ordre, de stabilité et d'indépendance pour le pouvoir. La richesse mobilière n'est pas dans la main du pouvoir comme la force permanente; elle y passe, et n'y reste pas : pour qu'elle y revienne, il faut qu'elle existe; et le pouvoir qui la détruit ne la retrouve plus.

J'ai réfuté d'avance le reproche qu'on fait aux emprunts, d'être une usurpation sur l'avenir. L'emprunt fait à propos, soit pour de grands travaux, soit pour la défense de l'Etat; l'emprunt qui améliore et qui conserve, constitue une charge qui équitablement doit être partagée par les générations qui en profitent : vaudrait-il mieux leur léguer la misère et l'esclavage ?

J'arrive à la grande question : l'emprunt absorbe des capitaux enlevés à la circulation, au commerce, à l'industrie, à l'agriculture. Voilà le langage que l'on trouve consigné dans des écrits célèbres, et que l'on répète chaque jour dans les journaux, dans les conversations.

Smith regarde un emprunt « comme une por-
» tion du produit annuel dépensée et dissipée,
» dans le cours, en général, d'une seule année,
» sans laisser même l'espoir d'aucune repro-
» duction future. » Un autre écrivain, dont je prononcerais le nom avec un véritable plaisir, si je le citais autrement que pour le combattre, dit tout simplement, sans explication, sans distinction aucune : « Dans tous les cas, la somme
» empruntée est une valeur *consommée et*
» *perdue ;* et le revenu public se trouve grevé
» des intérêts de ce capital. »

Ne semble-t-il pas que les capitaux ainsi empruntés sont engloutis à l'instant, pour ne jamais reparaître dans la circulation ? Ce pourrait être tout au plus le cas des sommes payées à l'étranger, à titre d'indemnité ; et encore le commerce, l'industrie rappellent une partie de ces richesses qui ont inspiré à leurs nouveaux possesseurs des idées, des goûts de jouissances et de luxe inconnus jusques-là.

Si l'emploi des emprunts a donné pour résultat des établissemens publics, des ports, des grandes routes, ou une paix, ou l'indépendance du pays, peut-on dire, déjà sous ce premier point de vue, que la somme empruntée est perdue pour sa prospérité? Y avait-il, au contraire, un emploi plus pressant, et qui pût être plus utile et plus fécond?

En se rapprochant davantage de l'idée des écrivains que j'ai cités, aux yeux de qui l'argent est perdu, parce qu'il paraît s'écarter de l'usage qu'on en fait habituellement; pour que les emprunts et les charges qui en résultent, puissent être considérés comme détournant des fonds de la circulation, il faudrait qu'au moment où l'emprunt se réalise, la circulation éprouvât une altération sensible, une stagnation plus ou moins fâcheuse. Le fait prouve le contraire; et la circulation se montre d'autant plus rapide, que l'emprunt se trouve plus promptement rempli. La raison en est toute simple : un gouvernement n'emprunte que parce qu'il a besoin ; et les produits de l'emprunt, disséminés dans des milliers de mains, dont une grande partie peut-être attendait un emploi, dépensés aussitôt qu'ils sont reçus, et souvent d'avance , reversés comme par torrens dans la circulation , en remplissent à l'instant tous les canaux ; ce qui prouve bien qu'ils ne sont pas *perdus*, comme le prétend l'auteur français que j'ai cité plus haut, et qu'ils ne resteront pas sans reproduction, comme le soutient Smith.

Pinto , dans son traité de *la Circulation et du Crédit*, « a représenté , dit Smith, les fonds publics des différentes nations endettées de l'Europe , et spécialement ceux de l'Angleterre , comme l'accumulation d'un grand capital ajouté aux autres capitaux du pays, au moyen duquel son commerce a acquis une nouvelle extension, ses manufactures se sont multipliées, et ses terres ont été cultivées et améliorées beaucoup au-delà de ce qu'elles l'eussent été au moyen de ces autres capitaux seulement. » Smith convient que l'observation est fondée , et que les faits sont incontestables. « Mais, reprend Smith, cet auteur ne fait pas attention que le capital avancé au gouvernement, était une portion du produit annuel, qui a été détournée de faire fonction de *capital*, pour être employée à faire fonction de *revenu*; qui a été enlevée à l'entretien des ouvriers productifs, pour servir à l'entretien de salariés non productifs. » La conclusion est simple : puisque le capital est consacré à des salaires improductifs, il n'opère

donc point de reproduction. Smith convient cependant que « les prêteurs ont obtenu, en re-
tour de leur capital, des *annuités* dans les fonds
publics, qui valent et remplacent le capital, et
les met en état de faire aller leur commerce et
leurs affaires, avec *tout autant et peut-être plus
d'étendue qu'auparavant.* » Il semble que Smith
doit conclure de cette observation en faveur des
fonds publics. C'est ce qu'il ne fait pas, attendu
que les prêteurs « ont eu la faculté de négocier
leurs annuités, et que le capital qu'ils ont trouvé
sur ce titre, a bien remplacé le capital qu'ils ont
prêté au gouvernement ; mais il ne l'a pas remplacé pour le pays. Sans le prêt fait au gouvernement, il y aurait eu deux capitaux au lieu d'un,
deux portions du produit annuel employés à
l'entretien du travail productif ; tandis que le
gouvernement en ayant *consommé , perdu* un
improductivement, il n'en reste qu'un : d'où il
résulte que la dépense publique ne peut être
défrayée que par la destruction de quelque capital qui existait dans le pays. Seulement, comme
l'emprunt épargne aux contribuables de plus
grands sacrifices, ils retrouvent dans les fonds
qu'on ne leur demande pas, des moyens de réparer plus promptement la destruction opérée
par le gouvernement. »

Ce que dit de plus Smith, et ce qu'y ajou-

tent les écrivains qui ont marché sur ses traces ,
ne consiste que dans des développemens qui
n'ajoutent rien au fond de cette doctrine.

On appelle *capital* tout ce qui a une valeur
quelconque, et est susceptible d'échange; on
appelle vulgairement *revenu* cè que touche par
an un individu du produit de son travail ou de
ses capitaux, soit terre, soit argent. Mais comment le revenu prend-il le caractère de capital?
A quel signe reconnaîtra-t-on que le capital
fait la fonction de revenu? Qu'est-ce même
que le revenu, par rapport à l'individu, en considérant sa dépense sous le rapport de sa con-
sommation personnelle et des consommations
générales? Malgré les efforts des écrivains qui
ont traité de l'économie politique, il n'y a pas
de sujet sur lequel on ait des idées plus diffuses
moins arrêtées, que sur ces mots *capitaux* et
revenus, en les considérant relativement. On
dépensera un capital pour ses consommations,
on constituera un revenu en capital au moment
où il vient d'être reçu : voilà qui paraît clair;
et cependant le sens qu'on donne à ces accep-
tions, peut se trouver douteux. Comment alors
Smith a-t-il pu tirer d'expressions aussi vagues,
une espèce de principe, pour déterminer le
caractère des fonds publics, et le rôle qu'ils
jouent dans la circulation, ou, dans quelques

jours , ils prendront dix fois tour à tour le caractère de capital et de revenu? Aussi se trompe-t-il sur les faits, sur les conséquences, et confond-il sans cesse des choses susceptibles d'être distinguées.

Selon lui, la somme prêtée était un capital. — Non, elle venait d'être reçue à l'instant à titre de revenu. — Elle va faire la fonction de revenu. — Distinguons : par rapport à celui qui prête, elle est à l'instant constituée en capital par le titre qu'on lui délivre. Dans la main du gouvernement qui emprunte, elle est employée à payer des matières et des ouvriers, ou de la main-d'œuvre ; elle a donc le même caractère que les fonds qui sont dans la caisse du manufacturier , également destinés à payer des ouvriers et des matières. — La somme prêtée a été enlevée à l'*entretien* des ouvriers productifs , pour servir à l'entretien de salariés improductifs. — Il fallait au moins distinguer : si la somme empruntée a été employée à bâtir une ville, des arsenaux, des fortifications, les ouvriers qui ont fait ces constructions , sont bien des ouvriers productifs, quoiqu'employés par un gouvernement. Il ne fallait donc pas, même en admettant la doctrine de l'auteur, confondre l'emploi, et distinguer les travaux matériels, des travaux intellectuels, auxquels s'appliquent ces salariés qu'on entend désigner par le mot *improductif*.

Mais je suis si loin d'admettre les distinctions de travaux productifs et de travaux stériles, d'ouvriers productifs et d'ouvriers improductifs, que je ne crains pas de les regarder comme le fléau destructeur de la science, comme le principe de toutes les fausses doctrines dont on l'a composée jusqu'à ce jour, comme la cause qui a détourné les meilleurs esprits de ce genre d'étude. On a cru que l'on créait une science avec ces mots; on n'a créé qu'un argot, et on n'a réussi qu'à renfermer des erreurs dans le cercle de quelques expressions souvent très-peu intelligibles.

Ai-je donc besoin d'insister pour combattre un système d'après lequel les travaux de Colbert, qui était aussi un salarié, ces travaux par lesquels il créait tous les genres d'industrie en France, étaient des travaux stériles ou improductifs, tandis que ceux de son tailleur ou de son maçon étaient des travaux productifs.

Le principe de tout est dans la pensée de l'homme. De tous les travaux les plus productifs, ceux sans lesquels les autres n'auraient pas lieu, ce sont les travaux intellectuels. Les travaux manuels, qu'on voudrait considérer comme seuls productifs, sont aux travaux intellectuels ce que les instrumens, la bêche, le marteau sont par rapport à la main qui les dirige ; et encore l'action de cette main est le résultat d'une pensée, d'une volonté, d'un acte de l'intelligence.

Puisque le produit des emprunts est consacré à des travaux de toute espèce, à des travaux intellectuels, à des travaux manuels, qui concourent à l'entretien et à la conservation de la société, à des achats de fabrications et de matières qui sont elles-mêmes le produit d'autres travaux, et dont l'emploi provoque des remplacemens, par conséquent de nouveaux efforts, les emprunts, loin d'enlever des fonds à la circulation, lui donnent une activité également favorable au commerce, à l'industrie, à l'agriculture. C'est en effet ce qui arrive ; et le principe se trouve parfaitement d'accord avec l'observation des faits. Cela est tout simple : un gouvernement, même mauvais, est la première grande machine industrielle ; il est l'entreprise des entreprises, celle qui fait marcher toutes les autres. C'est parce que nos écrivains économistes n'ont pas vu cette vérité fondamentale, qu'ils sont tombés dans tant d'erreurs, en parlant de l'impôt et des autres branches de l'administration.

Il serait difficile de concevoir comment des

emprunts seraient une atteinte à la propriété foncière , et en détourneraient les revenus , quoiqu'il soit vrai de dire que les intérêts sont pris sur les divers produits du travail de l'année, si les mêmes emprunts animent l'industrie , et ouvrent d'amples débouchés , notamment aux produits agricoles.

On raisonne toujours sur ces matières, comme si le travail avait des limites qu'il ne peut dépasser, et comme si ses produits étaient également fixés d'une manière invariable. Il n'en est pas ainsi ; et cette observation explique bien des phénomènes économiques.

Admettons que trente millions d'individus font chaque jour, l'un dans l'autre, un travail, chacun de vingt-cinq centimes. Supposons que tous se reposent à un jour marqué : la société aura en moins , ce jour, sept millions cinq cent mille francs de travail. Maintenant, par une supposition contraire, admettons que tous ont doublé leurs travaux le jour où ils ne devaient rien faire : ce travail vaudra quinze millions ; ce qui fait une différence de vingt-un millions cinq cent mille francs dans l'avoir général de la société ; somme équivalente aux intérêts , à raison de cinq pour cent , d'un capital de quatre cent cinquante millions. Si on emploie des machines qui, en tenant la même quantité d'hommes occupés, décuplent les produits, le résultat général sera nécessairement dans la même proportion. Voilà comment des charges croissantes seront supportées, et comment la société prospérera, contre les pronostics des écrivains, qui, au lieu de suivre et d'examiner, veulent toujours juger des choses par des abstractions qui ne sont pas plus la vérité, qu'elles ne constituent les élémens d'une science.

Pour que les emprunts, et les charges qui en résultent, puissent être considérés comme une atteinte à la propriété foncière, il faudrait, tout à la fois, que les revenus du propriétaire en fussent diminués, et, par suite, la valeur vénale de la propriété. Or, non-seulement dans un pays où les capitaux sont assez abondans pour que les emprunts soient faciles, cela n'arrive pas, mais le contraire se fait sentir, toujours par la raison de la plus grande rapidité imprimée à la circulation par une masse de capitaux qui ont pu recevoir cette destination, sans nuire aux travaux courans de la société : on peut même regarder comme certain que beaucoup de ces capitaux épars étaient inertes et sans emploi, lorsqu'on s'est déterminé à les placer de cette manière.

Afin de rendre plus sensible cette assertion, donnons un exemple réduit aux termes les plus simples, pour qu'il soit plus facilement saisi.

Supposons que toutes les propriétés d'un État valent ensemble dix millions, qui, à cinq pour cent, donneront un revenu annuel de cinq cent mille francs. Supposons encore que le gouvernement impose, par chaque année, cinquante mille francs sur les cinq cent mille francs de revenu, pour payer l'intérêt d'une somme d'un million qu'il aura empruntée. En raisonnant comme les adversaires des emprunts, on conclura que le revenu des propriétaires est réduit à quatre cent cinquante mille francs, et que la valeur vénale de la propriété, que j'ai portée à 10 millions, n'est plus que de 9 (millions). Eh bien ! le fait, généralement parlant, est encore contraire aux résultats de ce calcul, qui paraît cependant sans réplique. Si le gouvernement a du crédit, parce que son administration est sage, il pourra arriver, il arrivera, par suite de l'emprunt, que le revenu des propriétaires non-seulement restera le même, mais qu'il se trouvera augmenté, et que la valeur vénale des propriétés, loin de descendre à neuf millions, pourra être portée à 11 et 12 millions, c'est-à-dire, augmentée d'un ou deux dixièmes. C'est ce que nous avons sous les yeux : nous avons vu la dette publique s'accroître, en même temps que la valeur des domaines fonciers augmentait de jour en jour, ainsi que les fermages et les loyers.

Puisqu'une dette publique peut être créée, et que l'on peut l'augmenter, sans que la valeur vénale de toutes les propriétés en soit altérée, que même cette valeur pourrait augmenter en même temps, et dans une proportion quelconque, il en résulte que le capital de la dette publique est une valeur réelle, positive, indépendante, qu'elle est une richesse par elle-même, et par conséquent un élément de prospérité.

En effet, si l'ensemble de la propriété vaut dix millions, même onze millions, et que le capital de la dette publique soit d'un million, cela fait bien 12 millions. Supprimez le capital de la dette, vous n'aurez plus que 11 millions.

Mais que diraient ceux qui ne voient dans les titres d'une dette publique que des feuilles légères, si, par le fait de cette suppression, la valeur de la propriété foncière tombait au-dessous de dix millions, valeur primitive que nous lui avions donnée? C'est cependant ce qui pourrait arriver, et très-probablement ce qui arriverait.

Je viens, par ce peu de mots, de répondre à cette assertion, que le papier qui représente les emprunts, n'ajoute rien à la richesse; qu'il n'est qu'un signe fictif et variable, etc. D'abord, il n'est pas question d'ajouter à la richesse; il ne s'agit que de conserver celle qui est acquise : et les sommes prêtées étaient une richesse acquise.

Qu'est-ce que l'argent que des particuliers prêtent à un gouvernement ? Qu'est-ce que l'argent qu'un particulier prête à un particulier ? Du travail fait et économisé, une richesse très-réelle et très-palpable. La reconnaissance qu'on lui donne de son prêt, n'est donc pas une fiction; son titre constitue dans sa main ce qu'il regarde comme une propriété incontestable, légitimement acquise, et non pas une valeur simulée et fictive; de même que, par rapport à la société, ce titre représente un travail de deux, trois ans, plus ou moins.

Parce que le propriétaire vous a permis de livrer, pour votre compte comme pour le sien, mais à vos seuls risques et périls, son capital dans la circulation, ce capital ne cesse pas pour cela d'être le fruit du travail fait antérieurement, le moteur du travail présent et actuel; et ce dernier office explique pourquoi l'Etat, en empruntant, ne se ruine point.

Le particulier qui emprunte, emploie le produit de son emprunt dans un travail quelconque. S'il a bien conçu son opération, il trouvera dans les produits de ce travail de quoi payer les intérêts de son emprunt, son propre entretien, et peut-être quelque chose de plus ; cet excédant sera une augmentation de richesse pour la société comme pour lui. ·

Le gouvernement qui emprunte doit chercher à produire, avec les moyens que lui donne son emprunt, de grands travaux utiles à toutes les industries, des débouchés pour son commerce, de la sécurité, de la puissance, de la gloire ; ce qui se résout encore en profits pécuniaires pour tous les particuliers, par conséquent pour le gouvernement lui-même. Oui, direz-vous ; mais si, au lieu de toutes ces belles choses, en dépensant, il ne rencontre que de la honte et des désastres : en ce cas, tant pis pour vous, tant pis pour lui ; toutefois, ce n'est pas la faute de l'emprunt. Je ne suis point l'apologiste du mauvais usage qu'on peut en faire : il en est alors d'un gouvernement comme d'un particulier qui a fait une fausse spéculation, avec cette différence que les titres des créances sur l'Etat seront encore un moyen de circulation et de travail, et concourront à réparer le mal qui aura été fait ; tant est grande, je ne cesserai de le répéter, la puissance du crédit !

Il ne faut point considérer les titres des créances sur l'Etat, comme un signe fictif, puisqu'ils représentent un capital réellement acquis, et qu'ils donnent des droits qu'il est impossible de méconnaître, sans blesser la justice, et sans occasionner un grand dommage à toutes les branches d'industrie.

C'est encore un reproche qu'on adresse aux fonds publics, d'être variables dans leur prix : singulier reproche ; comme si tout ce qui est susceptible d'échange, n'était pas variable dans sa valeur, depuis l'or jusqu'au persil !

Les fonds publics alimentent un jeu scandaleux, etc. Cette accusation, la plus grave de toutes, et le principe de toutes les autres, mérite d'être approfondie dans ses causes, dans ses progrès et dans ses résultats.

Du Commerce des Fonds publics.

Il faut toujours partir de ce point, que l'emprunt, dans cetains cas, est devenu l'un des élémens de l'existence sociale des peuples qui vivent sous un régime d'industrie et de liberté, parce que seul il peut, sans altérer les rapports des diverses parties dont la société se compose, donner les moyens de faire face à des dépenses extraordinaires.

La ressource devient encore plus indispensable, lorsque d'autres gouvernemens sont parvenus à l'employer avec habileté, même avec imprudence, avec une sorte d'audace.

Pour que le gouvernèment, le cas échéant, emprunte avec facilité, il faut que le placement qu'il offre convienne au plus grand nombre ;

Pour que le placement convienne au plus grand nombre, il faut que le titre soit indépendant de la personne, de l'âge, de toute condition purement individuelle ; il doit avoir la solidité des créances hypothécaires, et la mobilité de tous les papiers de crédit.

Il est encore indispensable que ces créances soient divisibles à l'infini, et qu'elles soient facilement négociables. Le plus grand attrait pour celui qui prête, consiste dans la faculté de ravoir son argent toutes fois et quantes que bon lui semble.

Un gouvernement qui contracte des engagemens par suite de causes extraordinaires, ne doit jamais, sous peine de perdre toute confiance, prendre de termes de payement, attendu qu'il lui est impossible de prévoir les événemens, de calculer sa situation et ses moyens, même pour l'époque la plus rapprochée.

Toutes ces conditions, l'emprunt perpétuel seul peut les remplir.

On n'a point le choix sur le mode des emprunt : ou ils seront purement une charge, ou la circulation y trouvera un puissant auxiliaire. Pour que l'emprunt remplisse ce dernier office, il ne suffit pas qu'il soit perpétuel ; il faut encore que les titres délivrés au prêteur soient d'une négociation prompte et facile. Cette condition est indispensable pour que les fonds publics puissent soutenir la concurrence de tous les papiers de crédit, et, jusqu'à un certain point, de la propriété foncière.

Lorsqu'il fut question, en l'an 7, de fonder le crédit public, la première chose qui frappa d'abord, ce fut la contradiction qui existait entre la nature de la créance et le caractère du titre : la créance était mobilière, et le titre environné de toutes les formalités, de toutes les charges et des entraves qu'exigent la jouissance, la conservation et la transmission de la propriété foncière. Les contrats de rente sur l'Etat ne pouvaient être transférés que par des actes notariés ; ils étaient sujets aux droits de contrôle ; ils pouvaient être frappés d'opposition, saisis, etc.... Que pouvait paraître un papier si léger par lui-même, écrasé sous un semblable poids ? On sentit que si l'on voulait faire entrer ces précieuses valeurs dans le système de notre économie agricole et commerciale, il fallait le dégager de ces entraves, et le ramener à son principe ; il fallait qu'il fût, dans le portefeuille du capitaliste et du rentier, comme des écus ou la lettre de change ; et qu'à ces seules conditions, les milliards qui composent la dette publique prendraient rang parmi les capitaux utiles qui forment et produisent la richesse.

Tels furent les motifs qui firent adopter la législation de l'an 7, d'après laquelle les titres de la dette publique furent revêtus de tous les caractères qui appartiennent aux papiers de circulation.

Je n'insiste pas davantage sur un mode maintenant établi, et sur lequel on ne reviendra sûrement pas. Je n'en fais mention que pour l'ordre des idées, et aussi cependant pour que l'on juge déjà combien la jurisprudence de la Cour royale de Paris est opposée à l'esprit et au but de cette législation.

Le titre de la rente une fois dégagé de tout ce qui pouvait arrêter sa circulation , exige encore, pour qu'elle ait toute sa valeur, ou la valeur la plus élevée, qu'on puisse toujours la vendre ; pour qu'on puisse toujours la vendre, il faut qu'elle ait un marché constamment ouvert.

C'est une règle reconnue en matière de commerce, que le prix d'une denrée est toujours dans la proportion de la demande. S'il y a beaucoup d'offres et point de demandes, la den-

rée est sans valeur; elle en acquiert successivement, dans la proportion que les demandes se
multiplient.

S'il y a beaucoup d'offres, et que les demandes
soient rares, celui qui a besoin de vendre, soit
pour remplir des engagemens, soit pour toute
autre cause, perd sur les objets qu'il veut vendre,
et peut se ruiner. En même temps qu'on doit
désirer qu'il y ait toujours concurrence dans
l'offre, il est essentiel qu'il y ait une concurrence au moins égale dans la demande : il est
même bon que, pour celle-ci, la concurrence
soit généralement un peu plus forte, parce
qu'elle anime le commerce, parce que celui qui
achète fait un acte de sa volonté, tandis que celui
qui vend est présumé obéir à un besoin ; mais
surtout parce que la concurrence soutient les
prix, maintient l'équilibre entre toutes les valeurs de la société, prévient les secousses que
font naître les terreurs occasionnées par des
baisses subites, ou fait obstacle à des hausses
trop brusques, qui amènent sur le marché une
trop grande masse de ces valeurs.

Mais le concours de ceux qui ont l'intention
d'acheter, ou qui éprouvent le besoin de vendre, serait insuffisant pour maintenir l'équilibre dont je parlais tout à l'heure. Le seul
moyen qui puisse produire cet important ré-

sultat, est la spéculation. A ce mot, je vois bien des esprits se soulever : qu'ils examinent, et qu'ils réfléchissent.

Généralement parlant, qui a donné l'idée de spéuler n'importe sur quoi ? Le désir de gagner. Mais qui a soutenu ce genre d'opérations contre toutes les accusations dont il a été souvent poursuivi ! — LA NÉCESSITÉ.

On a remarqué que tantôt les produits d'une industrie quelconque étaient plus abondans, tantôt plus faibles; que les demandes de ces produits étaient plus faibles, et d'autres fois plus étendues, mais que les demandes pouvaient être étendues quand les offres étaient rares; et *vice versâ*.

Là où l'on a vu un besoin, l'on a vu un moyen de faire un bénéfice; en conséquence, la spéculation s'est présentée, pour acheter quand la denrée est à bon marché, pour revendre quand les prix haussent avec les demandes.

Cette opération prévient les trop grandes hausses et les baisses excessives dans les prix; elle tient le marché approvisionné dans une proportion à peu près égale; elle soutient les prix dans les momens d'abondance, et prévient le gaspillage; elle adoucit les calamités d'une disette, si elle ne les prévient pas tout-à-fait; de même que le marché alimente le consommateur, la spéculation alimente le marché; elle est le lac Mœris de l'économie sociale et la Providence visible des peuples.

Il en est de la rente comme des autres valeurs et des marchandises : elle est plus offerte, où les demandes sont plus multipliées. S'il ne se trouvait sur la place que celui qui a besoin de vendre, et celui qui a l'intention d'acheter pour placer son argent; ou la rente serait sans valeur, où le prix en serait trop élevé. La spéculation vient interposer son office, et maintient entre les prix une balance telle, qu'à moins de circonstances extraordinaires, le vendeur obtient le prix sur lequel il a compté, et que l'acheteur n'est ni trompé ni retardé dans ses résolutions.

Mais il ne peut y avoir de spéculation sur la rente, sans marchés à terme, pas plus qu'il n'y aurait de spéculations sur les marchandises sans les effets de crédit : les affaires vont bien plus rapidement que l'argent comptant; et tout serait paralysé là où l'on ne pourrait traiter à une autre condition.

Si le commerce se reduisait à celui qui fabrique et transporte, au détailleur et au consommateur, cette surabondance des produits de toute espèce, qui fait la sécurité de tous, qui constitue la richesse et l'éclat de la société,

n'existerait pas. Encore une fois, c'est la spéculation qui provoque, entretient, multiplie les
produits de l'agriculture et de l'industrie, y
compris les travaux intellectuels. C'est pour des
objets de commerce qu'ont été imaginés ces marchés à *terme*, à *prime*, etc., contre lesquels on
voudrait sévir. Ils n'ont été appliqués à la rente
que par analogie et par imitation; et ces opérations, dans les pays où elles ont été pratiquées,
ont évidemment concouru à porter le commerce et ses entreprises les plus hardies au
plus haut degré de développement.

Il en est de même des fonds publics, la spéculation seule leur imprime le mouvement et
la vie: autrement ils seraient une pure charge,
un capital mort, comme des billets de banque
qu'on ne pourrait pas à toute heure échanger
contre des écus. C'est la spéculation qui fait de
la rente une propriété réelle, en la rendant toujours disponible; une valeur additionnelle aux
richesses mobilières, par les services qu'elle
rend à toutes les branches de l'économie sociale.

M. Perdonnet, doué d'un jugement sain et
vigoureux, éclairé par une longue expérience,
dans un plaidoyer très-remarquable, et qui fera
autorité, a parfaitement indiqué par quels rapports les opérations journalières de la Bourse se
lient aux travaux du commerce, de l'indus-

trie et de l'agriculture, pour les favoriser et les féconder : semblables à ces machines soumises à un moteur puissant, dont l'approche n'est pas sans danger, dont les mouvemens inspirent l'étonnement, et presque l'effroi, et qui n'en répandent pas moins autour d'elles les produits d'une riche industrie.

Mais cette spéculation absorbe les capitaux, qui seraient plus utilement employés de toute autre manière. Qu'est-ce qu'on appelle ici capitaux ? C'est apparemment de l'argent qu'on veut dire. Est-ce que la rente absorbe l'argent ? Peut-on, en y réfléchissant, trouver quelque comparaison entre la somme d'argent qui, en fin de mois, glisse sur la rente, pour aller promptement ailleurs remplir sa tâche, avec le capital immense de la rente que la spéculation tient en haleine et vivifie ?

Ce qui trompe sur ces matières, c'est qu'on parle toujours de la richesse, comme si elle avait quelque chose d'absolu, de positif par elle-même, tandis qu'elle n'existe que par le travail, l'activité, et plus particulièrement par la spéculation.

Concluons que le capital de la rente, déjà partie si importante de la richesse publique, étant un puissant élément de circulation, les efforts qui tendent à le soutenir, notamment les spéculations dont il est l'objet, doivent être envisagés sans prévention.

Loin de flétrir par d'injustes préventions, par des réprobations irréfléchies, ce genre de commerce, il doit être considéré comme toutes les entreprises qui tendent à entretenir et à faire prospérer la société.

Le Commerce des Fonds publics est de la même nature que tout autre Commerce.

Pour assurer l'action et les développemens du commerce, il n'a pas suffi que la marchandise pût circuler; il a fallu que tous les moyens qui concourent à l'exécution des traités de commerce, eussent aussi ce caractère de mobilité.

Ainsi, pour soulever cette masse de produits agricoles et manufacturiers que chaque jour amène sur le marché, on s'est bientôt aperçu que l'argent, quelqu'abondant qu'il fût, serait toujours insuffisant, et que tout resterait dans l'inaction, si l'on ne trouvait un autre levier : on a, en effet, trouvé le crédit et le papier qu'il crée et qu'il fait circuler comme une valeur réelle.

On a remarqué que l'argent restait oisif dans les mains de ceux qui ne savaient pas l'employer : on a imaginé le prêt à intérêt, qui n'est qu'une

association abonnée à une entreprise quelconque. Ces prêts ont aussi été représentés
par des papiers de crédit.

Les marchandises livrées aux chances de
longs voyages pouvaient éprouver des avaries :
on a établi des assurances ; ce qu'on a appelé
commerce des assurances ; autre abonnement
aux bénéfices présumés de l'entreprise.

Qu'est-ce que tout ce papier ? des valeurs
réelles qui représentent tout à la fois les marchandises en circulation, et le travail qui se fait
à l'instant même.

L'inscription, le capital de la rente, représente le capital qui fut prêté au gouvernement ;
mais il représente encore le travail qui fut fait
ensuite, et qui se fait chaque jour, au moyen
du capital prêté, et qui a aussitôt été reporté
dans la circulation. C'est pour cette raison que
le titre du rentier est bien un capital réel, et
non un signe fictif, comme on l'a prétendu.

D'après ces rapprochemens, il est évident
que le commerce des fonds publics est de la
même nature que le commerce des lettres de
change et de tous les papiers de crédit, et rend
habituellement le même service, puisqu'il se
compose des mêmes élémens.

Si l'on discréditait entièrement les lettres de
change, on anéantirait tout le travail qu'elles

représentent, on paralyserait tout le travail qu'elles tiennent en activité.

Discréditez entièrement le capital de la rente, vous détruisez tous les travaux du passé, vous paralysez tous les travaux que ce capital entre-tient, les travaux auxquels les rentiers prennent part, et vous opérez dans les consommations un désordre égal à la somme pour laquelle y entraient ces mêmes rentiers, qui seraient pri-vés de leurs revenus.

D'après ces observations, il est évident que les fonds publics ont la même origine, les mêmes caractères, qu'ils rendent les mêmes services que les autres papiers de crédit, et que le commerce qui s'en fait, ne présente pas la plus légère différence : pourquoi donc en trouve-t-on une aussi grande dans la manière dont on relève des abus qui ne sont pas parti-culiers à ce genre de commerce ?

On paraît singulièrement affecté des excès auxquels il donne lieu.

Mais qu'on récapitule, si l'on en a le cou-rage, les excès qui naissent du commerce de toutes choses.

Le commerce des denrées au moins est utile; quel bien peut-il résulter du commerce des fonds publics ?

Le même bien que produit le commerce des

lettres de change, des papiers de crédit. Je crois avoir démontré que le commerce des fonds publics est de la même nature, et rend les mêmes services.

Qu'on me permette à cet égard une première observation.

Ce qui rend plus sensible l'abus du commerce des rentes, provient de ce qu'il se fait sur un seul point, dans un espace resserré, par l'intermédiaire d'officiers publics; et comme, en général, on ne fait pas attention aux bienfaits du crédit, et, en particulier, aux services que rendent les fonds publics, on n'est frappé que de ses inconvéniens, souvent étrangers à ceux qui s'en montrent les plus irrités. Dans le nombre de ces derniers, il s'en trouverait qui ne savent pas même ce que c'est qu'une inscription au grand-livre.

S'il était en mon pouvoir de réunir, dans un espace qui ne serait pas plus étendu que la Bourse de Paris, tout le commerce de France, et que je pusse signaler au public tous les abus de confiance, tous les actes de mauvaise foi, toutes les friponneries, les fausses spéculations, les collusions qui en résultent, c'est alors qu'on aurait beau se récrier. Certes, je ne peux avoir l'intention de justifier ces actes, également répréhensibles, les uns par les autres : je les condamne également; mais je veux faire voir qu'il n'y a pas plus de raison de s'élever contre les opérations relatives aux fonds publics , que contre toute autre espèce d'opération ; que les abus qui appartiennent aux unes se retrouvent, et probablement dans une proportion plus forte, dans les autres.

Les pères de famille , dira-t-on , qui jouent sur les fonds publics, ou se ruinent, on font des fortunes scandaleuses.

Les pères de famille, dans tous les genres de commerce, font aussi des spéculations qui leur procurent des fortunes scandaleuses, ou qui leur font perdre ce qu'ils possèdent et trop souvent mille fois ce qu'ils n'ont pas. Sous ce rapport, tout l'avantage est encore du côté du commerce des rentes.

Dans le commerce des fonds publics, on vend ce qu'on n'a pas, on achète ce qu'on sait ne pas pouvoir payer.

Dans le commerce des marchandises, n'arrive-t-il pas tous les jours qu'un spéculateur achète avec l'intention de revendre de suite à tout prix, pour faire face à des engagemens plus anciens, et retarder de quelques instans une catastrophe qu'il sait être inévitable; et cela, en donnant de nouveaux effets , malgré la conviction où il est qu'ils ne seront jamais acquittés?

Conclura-t-on de ces marchés scandaleux,

qu'il faut interdire les traites, lettres de change, billets à ordre, etc.; qu'il faut une législation qui intervienne dans l'intimité de ces rapports? On sent que ce serait une absurdité. On a fait des lois sur les banqueroutes, et c'est tout ce qu'il était possible de faire.

Je crois en avoir dit assez pour faire voir que le commerce des fonds publics ne diffère en rien du commerce des denrées et marchandises, du commerce des lettres de change et papiers de crédit de toute espèce. Les abus auxquels il peut donner lieu lui sont communs avec les abus qui naissent des autres branches; et l'on peut dire que s'il y avait quelque différence, elle serait à l'avantage des fonds publics : cela vient tout simplement de ce que la surface de ces dernières opérations est beaucoup moins étendue.

D'après cette donnée, que le commerce des fonds publics est en tout point semblable aux autres commerces, on pourrait en conclure qu'il ne doit pas être soumis à une législation spéciale. Examinons cependant ce qu'est cette législation, et ce qu'elle peut être.

De la Jurisprudence et des Lois relatives au commerce des Fonds publics.

Je n'ai pas besoin de grands efforts pour prouver que, non-seulement la jurisprudence de la

Cour royale de Paris, mais encore l'esprit qui l'a dicté, sont dans une opposition complète avec le commerce des fonds publics. L'arrêt qui rejette la demande de M. Perdonnet, proscrit par le fait les marchés à terme ; la réprobation dont sont frappés sans distinction les pères de famille par ces paroles du considérant de l'arrêt : « Considérant que la stricte » exécution *des lois et réglemens* sur cette ma- » tière, peut seule mettre un frein à cette erreur » immodérée de s'enrichir, qui s'est emparée » des *pères de famille,* qui, au lieu de se livrer » à des professions *honnêtes et utiles,* se préci- » pitent dans des opérations désavouées par la » *morale,* et toujours suivies d'une *ruine* com- » plète ou d'une *fortune scandaleuse ;* » une telle réprobation, dis-je, qui pose indistinctement le cachet du déshonneur et de l'immoralité sur le front de tous ceux qui opèrent à la Bourse, n'atteint pas seulement tel ou tel genre de marchés, mais entièrement ce qu'on appelle le *commerce* des fonds publics, sous quelque rapport qu'on l'envisage.

Cette jurisprudence, que je regarde comme tout-à-fait contraire à l'intérêt public, tout en reconnaissant les intentions les plus pures dans les magistrats qui l'ont adoptée, ne peut pas davantage se concilier, à mes yeux, ni avec les lois de l'an 7, ni avec l'article 422 du Code pénal, qui doivent avoir remplacé toutes les lois et tous les réglemens antérieurs.

Je vais bien plus loin : cet art. 422, qui doit être le guide de la conscience du citoyen, que j'exécuterais dans la mesure de mes lumières, si j'avais l'honneur d'être magistrat, ne me paraît, dans son énoncé, qu'une concession faite aux préventions et à l'ignorance.

L'art. 421 dit : «Les *paris* qui auront été faits sur la hausse et la baisse des effets publics, seront punis des peines portées par l'art. 419. »

C'est très-bien, si l'on veut : cependant je ne vois pas pourquoi la loi daigne remarquer un *pari* sur la hausse ou la baisse des effets publics, plutôt qu'un *pari* à *croix ou pile*, sur une pièce de monnaie jetée en l'air ; je n'y vois pas la plus petite différence, à moins que les parieurs n'aient employé des manœuvres pour influer sur la hausse ou la baisse de la rente ; ce qui peut constituer un délit plus ou moins grave.

L'art. 422 s'exprime ainsi :

« Sera réputé pari de ce genre toute convention de vendre ou de livrer les effets publics qui ne seront pas *prouvés, par le vendeur,* avoir existé à sa disposition au temps de la convention, ou avoir *dû s'y trouver au moment de la livraison.* »

Il n'est question dans cet article que du vendeur. Pourquoi donc n'y voit-on pas figurer l'acheteur? Il me semble cependant que celui qui achette sans avoir le prix de son acquisition, est aussi coupable que celui qui vend un titre qu'il ne possédait pas, ou qu'il n'a pas dû avoir à sa disposition.

Qu'entend l'article par les mots *effets publics qui ne seraient pas prouvés avoir été à sa disposition?* Est-ce l'effet en nature, ou seulement le prix intégral? Car toutes les fois qu'on a le prix, c'est bien réellement comme si l'on tenait la chose. Cette première question peut donner lieu à des jugemens contraires.

Que ce soit l'effet ou le prix, quel est le spéculateur assez maladroit pour ne pas prouver qu'il comptait sur des rentrées qui lui ont manqué, ou qu'il avait donné des ordres qui ont été mal compris, ou qui n'ont pas été exécutés? Les tribunaux admettront un jour ces preuves; d'autres fois ils ne les admettront pas; il arrivera que l'homme qui se reposera sur sa bonne foi sera condamné, tandis que celui qui sera réellement en contravention aura pris tellement ses précautions, qu'il sera inattaquable.

Dans tous les cas, que de ressources pour la mauvaise foi! quel champ pour les interprétations et l'arbitraire ! Là où la loi s'explique mal, c'est l'opinion et la volonté du magistrat qui prennent sa place.

La loi, en Angleterre, autorise formellement les marchés à terme. Cet art. 422 les autorise indirectement ; mais dans l'une et l'autre législations, l'on aurait voulu prévenir tout ce qu'il peut y avoir d'avantureux dans ces sortes de marchés, et l'on n'a pas mieux réussi à Londres qu'à Paris.

Voilà donc des lois méconnues, méprisées ; et pourquoi ? C'est qu'il ne fallait pas les faire.

La loi est une chose si sacrée, que toutes les fois que son autorité ne peut pas prévaloir, elle doit garder le silence. Or, ici, d'après la manière dont on a envisagé la question, on met la loi aux prises avec la malice des hommes ; on la force, pour ainsi dire, de se mêler à toutes les turpitudes que peut enfanter la cupidité : le législateur ne peut pas tomber dans une erreur plus grande.

D'où vient cette erreur en législation comme en jurisprudence ? D'un mot indûment appliqué : le mot JEU, JOUEURS. On a dit des opérations de la Bourse, c'est un *jeu* ; de ceux qui opèrent, ce sont des *joueurs*. Or, ce qui résulte du jeu ne peut pas donner lieu à une action judiciaire ; donc, etc.....

Quand on fait des lois, il faut raisonner autrement que sur des apparences, ou même des analogies ; il faut circonscrire chaque chose dans le cercle qui lui est assigné par sa nature.

Le jeu et le commerce des fonds publics ne doivent avoir, aux yeux de la loi, aucune ressemblance.

Le jeu est un amusement : il peut devenir un excès, un désordre ; mais il ne présente absolument rien qui puisse devenir l'élément d'un contrat.

Les fonds publics sont une propriété, une propriété sacrée, comme toutes les autres propriétés reconnues telles par la loi, une propriété susceptible d'achat et de vente ; par conséquent, elle offre les élémens d'un contrat. Loin que la loi soit chargée de reconnaître les finesses et les tromperies que l'on peut introduire dans ces contrats, qu'elle considère tous les marchés comme sérieux, comme entiers, comme irréfragables, et son autorité, dès-lors, ne sera ni méconnue, ni mal interprétée. Vous avez vendu une chose qui pouvait être vendue, vous devez livrer ; vous avez acheté une chose qui pouvait être achetée, vous devez payer. Il faut que la loi tombe d'aplomb sur ceux qui ont contracté, qu'elle les environne de toutes parts, et qu'elle les accable en quelque sorte de son poids.

Les lois restrictives nuiront toujours plus ou moins au crédit et au commerce des fonds publics; elles n'arrêteront point les fous, et elles offriront le scandale de leur perpétuelle violation.

La marche que je propose est franche, loyale, favorable à la bonne foi ; elle porte le caractère d'une grande moralité, que tuera toujours la petite moralité des interprétations.

Une loi faite dans cet esprit ne donnera que des conséquences inattaquables, et l'on ne sera point forcé d'accuser de mauvaise foi celui à qui on donne pourtant raison, ni d'admonester un officier public qui n'est point sorti des limites de ce qui se fait tous les jours depuis des années.

On se récrie contre les opérations de bourse ; il semble que ce soit une maladie qui se soit emparée subitement d'un certain nombre d'individus, et qu'il suffit de leur appliquer quelques calmans, pour mettre un terme au désordre dont on se plaint ; mais ces calmans ne se trouveront ni dans les considérans des actes des tribunaux, ni dans les sarcasmes des écrivains.

Cette moralité des actions des hommes pris en masse, les gouvernemens seuls peuvent l'obtenir et la maintenir; elle découle de leurs actes, comme les grands désastres et les catastrophes qui bouleversent les Etats : qu'ils règlent bien les choses, pour bien régler la conduite des hommes, et qu'ils ne s'attendent pas à les trouver calmes quand tout s'agite autour d'eux; que la modération et la justice dirigent toutes leurs pensées; et par justice, j'entends l'idée juste en tout. Les gouvernemens de l'Europe ne voient de tous côtés que des révolutionnaires; c'est une grande calamité : qu'ils s'attachent bien plutôt aux véritables principes des choses, à la justice. L'idée juste est toujours morale, loyale, nationale, constitutionnelle, comme on voudra. L'idée fausse est seule immorale, révolutionnaire, et produit des désordres; elle est d'autant plus révolutionnaire, qu'elle s'éloigne davantage de la justice et de la vérité.

FIN.

www.ingramcontent.com/pod-product-compliance
Ingram Content Group UK Ltd.
Pitfield, Milton Keynes, MK11 3LW, UK
UKHW022115070726
13613UKWH00003B/1084